Analyse de l'œuvre

Par Fabienne Durcy et René Henri

Monsieur Ibrahim et les Fleurs du Coran

d'Éric-Emmanuel Schmitt

lePetitLittéraire.fr

Rendez-vous sur lepetitlitteraire.fr et découvrez :

Plus de 1200 analyses
Claires et synthétiques
Téléchargeables en 30 secondes
À imprimer chez soi

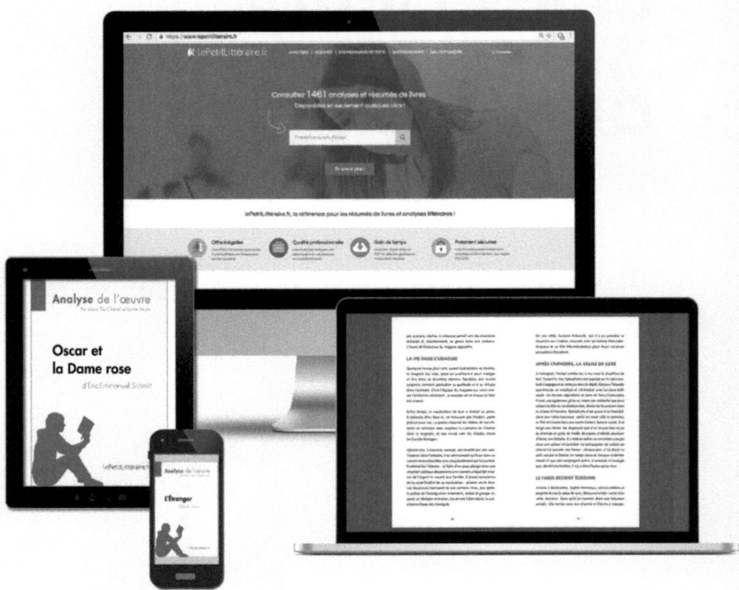

ÉRIC-EMMANUEL SCHMITT

ÉCRIVAIN FRANCO-BELGE

- **Né en 1960 à Sainte-Foy-lès-Lyon (France)**
- **Quelques-unes de ses œuvres :**
  - *La Part de l'autre* (2001), roman
  - *Oscar et la Dame rose* (2002), roman
  - *La Femme au miroir* (2011), roman

Éric-Emmanuel Schmitt, né en 1960 et agrégé de philosophie, est l'un des auteurs français les plus lus dans le monde. Il vit à Bruxelles et a débuté sa carrière d'écrivain au théâtre avec *La Nuit de Valognes* (1991), une réécriture du mythe de Don Juan, et *Le Visiteur*, pièce dans laquelle Freud (médecin autrichien, 1856-1939) reçoit la visite d'un homme énigmatique qui prétend être Dieu lui-même.

Tout en continuant à écrire pour le théâtre, Schmitt compose aussi des romans (*La Part de l'autre*, 2001), des nouvelles (*Odette Toulemonde et autres histoires*, 2006) et même une autofiction (*Ma vie avec Mozart*, 2005). Récemment, il s'est mis derrière la caméra et a adapté au cinéma deux de ses œuvres, dont *Oscar et la Dame rose*.

MONSIEUR IBRAHIM ET LES FLEURS DU CORAN

UN RÉCIT PROCHE DU CONTE PHILOSOPHIQUE

- **Genre :** roman
- **Édition de référence :** *Monsieur Ibrahim et les Fleurs du Coran*, Paris, Albin Michel, 2001, 96 p.
- **1ʳᵉ édition :** 2001
- **Thématiques :** amitié, amour, tolérance, bonheur, apprentissage, mort, spiritualité

Monsieur Ibrahim et les Fleurs du Coran (2001) est un récit d'apprentissage rétrospectif et chronologique écrit à la première personne qui s'apparente à un conte philosophique. Moïse, un adolescent juif, en est le narrateur et le personnage principal. Il raconte comment, grâce à sa rencontre avec un vieux soufi, M. Ibrahim, il découvre l'amitié et l'amour, murit, apprend à se connaitre et à être heureux, après s'être heurté aux dures réalités de la vie.

Au travers des propos emplis de sagesse transmis par M. Ibrahim, ce court récit délivre au lecteur un chant de tolérance et de bonheur.

UNE RENCONTRE MARQUANTE

Moïse, dit Momo, 11 ans, vit seul avec son père, un avocat d'affaires, sa mère ayant quitté le foyer après sa naissance, « dans un grand appartement noir, vide et sans amour » (p. 9), à Paris, rue Bleue. Son père, un neurasthénique qui souffre de dépression chronique, ne s'adresse à lui que pour l'invectiver, le disputer et lui reprocher de ne pas être comme son frère Popol, la « perfection vivante » (p. 25). Pour toute éducation, il ne lui apprend qu'« à regarder les gens avec méfiance [et] mépris » (*ibid.*). La rue dans laquelle ils vivent est fréquentée par des prostituées, que Momo décide d'aller voir après avoir cassé sa tirelire, « le prix de l'âge d'homme » (p. 10).

Lors de ses courses quotidiennes, le jeune garçon, qui doit s'occuper de toutes les tâches ménagères, fait la connaissance de M. Ibrahim, « l'épicier arabe d'une rue juive » (p. 13). Nait entre eux une relation alimentée par un jeu de questions-réponses : « Une phrase par jour. Nous avions le temps. Lui, parce qu'il était vieux, moi parce que j'étais jeune. » (p. 16) Petit à petit, ils deviennent de plus en plus proches. Ces relations avec d'autres adultes que son père lui montrent de nouvelles façons d'agir et de se comporter, ainsi que de nouvelles valeurs morales et sociales (p. 23). M. Ibrahim lui apprend que le sourire est « l'arme absolue » (p. 28) dans la vie et lui enseigne ce en quoi consiste le bonheur. C'est facile, lui dit-il, d'être heureux, parce que « c'est le sourire qui rend heureux et non l'inverse » (p. 27). Momo expérimente cette méthode et constate vite les changements qu'engendre cette philosophie de vie, sauf avec son père qui ne lui démontre guère plus d'attention.

Un jour, Moïse trouve une lettre inachevée de ce dernier dans laquelle il lui annonce qu'il a perdu son travail et qu'il part, lui laissant le peu d'argent qui lui reste. À cette nouvelle, Momo fait comme si de rien n'était : « Il était hors de question que j'admette avoir été abandonné », dit-il (p. 44). Pour maintenir l'illusion, il apprend à imiter la signature de son père et fait mine de cuisiner pour deux. Même à son ami l'épicier, Momo ne dit rien.

Quelque temps plus tard, Momo se trouve confronté une fois de plus à la cruelle réalité de son existence : des policiers lui annoncent sans ménagement que son père s'est jeté sous un train et qu'il faut reconnaitre le corps. C'est M. Ibrahim qui s'en charge. Il explique au jeune garçon qu'il faut qu'il pardonne à son père, car celui-ci a été victime de son destin.

Mais Momo n'est pas encore au bout de ses surprises. Un jour, sans prévenir, sa mère se présente à lui. Méfiant, Momo se fait passer pour quelqu'un d'autre, Mohammed, et raconte que Moïse habitait bien dans cet appartement, mais qu'il a déménagé. Elle, de son côté, explique qu'elle est partie parce qu'elle ne pouvait pas vivre avec le père de Momo, à qui elle a dû laisser son fils unique pour pouvoir suivre l'homme qu'elle aimait. Momo comprend alors que Popol, le fils parfait selon les dires de son père, n'a jamais existé.

Les conversations entre Momo et le vieil épicier prennent

progressivement un tour philosophique : ils abordent des sujets comme l'amour, la religion (l'un est musulman, l'autre juif), le bonheur, etc. Comme le vieil homme sent le désespoir du jeune garçon livré à lui-même et privé d'affection, il s'occupe de plus en plus de lui : il le sort, l'emmène chez le dentiste et lui achète des chaussures. Il lui offre même le Coran, à la demande de Momo.

Souhaitant se prouver qu'il est digne d'être aimé, le garçon se met à « faire la cour avec une ardeur de noyé » à Myriam, la fille du concierge (p. 46). Mais cette relation est source de tourments supplémentaires. Lorsqu'il s'ouvre à son vieil ami, celui-ci lui explique avec la sagesse qui le caractérise que ce que l'on donne est à soi pour toujours, et que cela est valable aussi pour l'amour : « Ton amour pour elle, il est à toi. Il t'appartient. » (p. 48)

RETOUR AUX ORIGINES

Momo et l'épicier partent ensemble en Normandie. Le jeune garçon, qui découvre la mer, est bouleversé par la beauté de ce qui les entoure. À nouveau, M. Ibrahim intervient : « La beauté est partout. Où que tu tournes les yeux. Ça, c'est dans mon Coran. » (p. 48)

Momo demande à M. Ibrahim de l'adopter, ce qu'il accepte. Une fois la demande validée, M. Ibrahim décide de lui faire découvrir sa terre d'origine, en Anatolie. Ayant acheté une voiture, ils traversent d'abord la Suisse, l'Albanie et la Grèce, et arrivent enfin à Istanbul, où Momo est conduit dans un tekké, un monastère soufi, où il découvre pour la première fois ceux que l'on appelle également les derviches tourneurs, car ils ont pour prière une danse lente, tournoyante, lors de laquelle ils pointent une main en direction de la terre et l'autre en direction du ciel. C'est au cours de ce voyage que Momo pardonne à ses parents : « J'avais la haine qui se vidangeait. » (p. 75)

Ils continuent ensuite leur périple en direction de « la mer de naissance » (p. 79) de M. Ibrahim qui, trop bouleversé à l'idée de revoir son ami Abdullah, préfère partir seul au volant de la voiture, tandis que Momo l'attend. Mais, comme la journée passe et qu'il ne revient pas, le jeune garçon part à sa recherche et apprend que M. Ibrahim a eu un grave accident de voiture. Il le retrouve mourant. Ils ont alors une dernière conversation, intense, avant que M. Ibrahim ne parte « rejoindre l'immense » (p. 80). Momo s'efforce de sourire comme son père de substitution le lui a appris.

Aidé par M. Abdullah, le jeune garçon repart ensuite à Paris où il apprend qu'il est l'héritier de M. Ibrahim, celui-ci ayant pris la précaution, avant leur départ, de lui léguer son argent, son épicerie et son Coran.

Quand, ému, Momo ouvre le Coran pour savoir enfin ce qu'il y a de si précieux à l'intérieur, il y trouve « deux fleurs séchées et une lettre de son ami Abdullah » (p. 83).

À son tour, Momo devient l'épicier arabe de la rue Bleue. Par ailleurs, il accepte que sa mère reçoive à diner tous les lundis Mohammed l'épicier.

ÉTUDE DES PERSONNAGES

Ce récit est une sorte de conte moral (il s'inspire de la forme du conte merveilleux pour transmettre des idées et des concepts à portée philosophique) dont le schéma actanciel est très clair : Moïse, le héros, mène une quête, celle du bonheur et de l'identité ; il est guidé et aidé par M. Ibrahim, et empêché par son père.

LE HÉROS : MOÏSE

Héros narrateur, Moïse est un jeune garçon de 11 ans qui se décrit physiquement comme « gros comme un sac de sucreries » (p. 10). Abandonné par sa mère alors qu'il n'est qu'un jeune enfant et délaissé par son père, il peine à trouver sa voie dans la vie et éprouve une profonde tristesse dont il a du mal à se défaire. Avant la mort de son père, il était sans cesse comparé à son frère Popol, que sa mère a, semble-t-il, emmené avec elle. Face à ce fils prodigue, Moïse ne se sent pas à la hauteur et souffre de la comparaison. Pourtant, Popol n'est qu'un fantasme de son père, mais, cela, il ne le découvrira que bien plus tard. S'il est déstabilisé lorsque sa mère lui révèle qu'il est son fils unique, Momo parviendra à pardonner à ses parents grâce à l'aide de M. Ibrahim.

C'est à son contact que Momo évolue. Très à l'écoute de ce que lui dit le vieil épicier arabe, il apprend à s'émerveiller de la beauté du monde et découvre la chaleur humaine qui lui a tant manqué, délaissant peu à peu la rancœur et la méfiance que son père lui a inculquées.

Malgré les épreuves qui se présentent à lui, Momo ne flanche pas. Doté d'une grande force de caractère, il ne baisse pas les bras et tente toujours de trouver une solution à ses problèmes. Ainsi, lorsque son père l'abandonne, il décide de ne pas se laisser submerger par la panique et continue de vivre comme si rien n'était venu bouleverser son quotidien, pour sauver les apparences et se sauver lui-même.

Son initiation à la spiritualité, et notamment la découverte des soufis et de leurs prières dansantes grâce à M. Ibrahim, l'aide à apaiser ses souffrances intérieures, celles qu'il refoulait :

> « Pendant les premiers jours, je me disais : Je suis heureux avec monsieur Ibrahim. Ensuite, je me disais : Je n'en veux plus à mon père d'être parti. À la fin, je pensais même : Après tout, ma mère n'avait pas vraiment le choix lorsqu'elle... »
> (p. 75)

C'est en empruntant ce parcours initiatique que Momo découvre le pardon et le bonheur. À la fin du récit, il semble être devenu un adulte épanoui : il a fondé une famille et a renoué les liens avec sa mère à sa manière, autorisant d'ailleurs ses enfants à l'appeler grand-maman.

LES OPPOSANTS

Le père

« Un père qui me pourrit la vie, qui m'abandonne et qui se suicide », voilà ce que pense Moïse de son père après son enterrement (p. 55). Leur relation est en effet difficile, voire inexistante. Le père ne remplit pas ses devoirs, et l'enfant, livré à lui-même, se sent comme « un esclave plutôt que comme le fils d'un avocat sans affaires et sans femme » (p. 10). Son père, en l'initiant à l'importance de l'argent, fait régner chez eux la méfiance ; il soupçonne même son fils de vol et l'oblige à inscrire tout ce qu'il dépense dans un cahier, ce qui amène Momo à réellement tricher et à voler. De plus, il est souvent fâché contre son fils, ne lui manifeste aucune marque d'affection et ne s'intéresse pas à ce qu'il est. Moïse dit d'ailleurs « qu'il a toujours froid lorsqu'il est avec son père » et que celui-ci « ne fait pas plus attention à lui qu'à un chien » (p. 24). Même quand Moïse, sur les conseils de son vieil ami, sourit à son père, il ne gagne pas plus de considération. Aussi son père compare-t-il Moïse à son soi-disant frère Popol qui est, selon lui, le fils idéal tandis que Moïse est « l'autre nom de sa nullité » (p. 24).

Il travaille constamment, déteste le bruit, et son univers semble limité à la musique classique et à la lecture. Il est incapable de transmettre à Momo le gout de la vie et a une influence négative sur sa vie sociale, lui apprenant « à regarder les gens avec méfiance [et] mépris » (p. 25). D'ailleurs, les seules indications physiques à son égard sont assez significatives : « Je regardais mon père lire dans son fauteuil, isolé dans le rond du lampadaire [...]. Il était clos dans les murs de sa science » (p. 24) ; il a « la tête de celui qui a besoin de plusieurs aspirines » (p. 40).

Sans égard pour son fils, le père part un jour, ce qui provoque l'isolement et le désespoir de Moïse. Il a honte d'être abandonné et se sent coupable de cette situation. Il doute alors de sa capacité à être aimé. L'excuse de ce comportement et,

en quelque sorte, son explication, viendront de M. Ibrahim :
le père de Momo a beaucoup souffert et a été victime d'un
destin qui le dépassait.

On apprend ainsi que les nazis avaient déporté ses parents
dans un camp de concentration et qu'il se reprochait d'avoir
survécu contrairement à eux. C'est donc son malheur qui l'a
rendu dur et injuste. Mettre des mots sur le comportement
de son père permet à Moïse de lui pardonner.

La mère

La mère de Moïse l'a abandonné, choisissant de partir avec
un homme moins tourmenté et aspirant à une vie « où il y
a le bonheur » (p. 61). C'est cela qu'elle explique à son fils
lorsqu'elle le retrouve. Mais Moïse, qui n'est encore qu'un
adolescent, ne peut l'entendre et décide, par conséquent,
de se faire adopter par M. Ibrahim. Il estime que sa mère a
négligé ses devoirs. Au moment où elle veut l'embrasser, il
fait « celui qui ne comprend pas » (p. 61). La fin de l'histoire
suggère cependant une possible relation entre la mère et le
fils devenu adulte.

Notons que sa mère permet à Momo d'exister en lui laissant
la liberté de se choisir une autre famille en la personne de
M. Ibrahim. Elle lui dit d'ailleurs qu'« il y a des enfances qu'il
faut quitter, des enfances dont il faut guérir » (p. 84).

LES ADJUVANTS

M. Ibrahim

M. Ibrahim est l'épicier de la rue Bleue. Momo le considère

comme « l'Arabe de la rue » alors même qu'il est turc. En France depuis 40 ans, il n'en oublie pourtant pas ses origines qu'il fera découvrir à Momo lors de son ultime voyage.

Alors que le jeune garçon passe presque quotidiennement dans sa boutique afin d'acheter le repas du soir, des liens se tissent peu à peu entre lui et le vieillard. Tous deux sont en effet à la recherche de quelque chose. Si pour Momo cela passe par la découverte de la vie et du bonheur, pour M. Ibrahim, il s'agit de briser sa solitude. Veuf depuis de longues années, travaillant tous les jours de la semaine dans son épicerie, celui-ci souffre de son isolement.

Même si Momo tente de dissimuler ses blessures, M. Ibrahim parvient à les déceler et décide de prendre le jeune garçon sous son aile, à la manière d'un grand-père. Quand il comprend que Momo est seul, il décide de prendre soin de lui à la place de son père.

Tel un mentor, il lui ouvre les portes de la spiritualité en lui faisant découvrir ses racines et sa religion, le soufisme, qu'il faut pratiquer avec le cœur. Il lui enseigne également la beauté, la force d'un sourire, l'amour, la tolérance et enfin le bonheur. C'est grâce à ses enseignements que Momo parvient à se défaire de ses démons, et ce n'est qu'à partir de ce moment que M. Ibrahim peut retourner voir sa « mer de naissance » et quitter le monde, en paix, sereinement. Il est l'incarnation de la sagesse.

Les prostituées

Les prostituées de la rue du Paradis permettent à Momo de

devenir « un homme ». Mais derrière leur rôle d'initiatrices, on peut également découvrir en elles une sorte de figure maternelle réconfortante. Elles ont pour le jeune garçon des gestes affectueux qu'il n'avait jamais connus jusque-là et n'hésitent pas à le consoler lors du décès de son père.

Myriam

Myriam est la fille du concierge de l'école de Momo. C'est à la suite du décès de son père que Momo entreprend de la séduire pour se prouver qu'il est possible que quelqu'un l'aime et soit présent pour lui. C'est avec elle qu'il découvre l'amour sentimental.

CLÉS DE LECTURE

UNE PIÈCE DE THÉÂTRE NARRATIVISÉE

Écrite à l'origine pour le théâtre, l'histoire de *Monsieur Ibrahim et les Fleurs du Coran* est née d'une conversation entre Éric-Emmanuel Schmitt et l'acteur Bruno Abraham-Kremer. Au cours de celle-ci, l'acteur avait fait part au dramaturge des émotions qui s'étaient emparées de lui lors de sa rencontre avec les derviches tourneurs. Ils avaient ensuite partagé les souvenirs qu'ils avaient tous les deux de leur grand-père respectif. Au terme de leur entretien, tous deux émettent le désir de faire connaitre « cette belle mystique musulmane », si peu connue des Occidentaux (Schmitt (Éric-Emmanuel), *Monsieur Ibrahim et les Fleurs du Coran*, présentation, notes, questions et après-texte établis par Josiane Grinfas-Bouchibti, Paris, Magnard/Classiques & contemporains, 2004, p. 105).

Conçu à l'origine comme une pièce de théâtre, le texte, qui a été remanié par la suite pour devenir un roman, garde des traces de cette première existence. De nombreux épisodes du roman se passent dans un endroit unique où les personnages entrent en scène à tour de rôle avant d'en sortir, à la manière des pièces de théâtre. On a ainsi souvent l'impression que le temps de la fiction correspond à celui de la narration.

Éric-Emmanuel Schmitt ne s'étend en outre pas dans de longues descriptions. Il donne au lecteur les informations nécessaires à sa compréhension, sans jamais se laisser porter par sa plume. Il favorise en outre nettement les dialogues, le cœur du roman résidant dans les échanges entre M. Ibrahim et Momo : « Lorsqu'on veut apprendre quelque chose, on ne prend pas un livre. On parle avec quelqu'un. » (p. 47) En outre, le lecteur prend connaissance des pensées qui traversent le jeune héros du roman grâce aux monologues qui ponctuent le récit (« Monsieur Ibrahim m'a donné l'arme absolue. Je mitraille le monde entier avec mon sourire. On ne me traite plus de cafard », p. 28).

Enfin, on retrouve encore des quiproquos et coups de théâtre, caractéristiques de l'écriture dramatique : lorsque le jeune garçon affirme à sa mère qu'il n'est pas Moïse, mais Mohammed (« – Ah bon ? Tu n'es pas Moïse ? – Ah non, faut pas confondre, madame. Moi, c'est Mohammed. », p. 58), ou au moment de l'annonce du suicide de son père, par exemple.

Cette écriture théâtrale est caractéristique du style d'Éric-Emmanuel Schmitt et se retrouve dans l'ensemble de son œuvre.

UN VOYAGE INITIATIQUE…

Monsieur Ibrahim et les Fleurs du Coran est en quelque sorte le récit d'un voyage initiatique au cours duquel on suit l'évolution et les étapes de la formation d'un personnage, en l'occurrence Momo. À travers un parcours physique réel, dans sa ville d'abord, puis jusqu'en Anatolie avec M. Ibrahim, Momo prend peu à peu conscience de certaines choses qui l'aident à grandir et à murir.

La rue Bleue. La première étape, cruciale, du voyage de Momo est la traversée symbolique de la rue Bleue. Le monde lui est offert et il va à sa rencontre : « Je suis allé voir les putes. » (p. 9) Il se rend également à l'épicerie de M. Ibrahim. Momo commence donc à s'ouvrir à l'extérieur. À partir de ce moment, il n'arrêtera pas de bouger et commencera un voyage hors de lui, à la rencontre de l'autre, pour mieux se trouver. Ce voyage-là, il le fait seul au début, aidé tout de même par l'argent de son père, celui de sa tirelire et celui qui sert normalement aux courses.

Paris intramuros. Lors de la deuxième étape de son voyage, Momo est accompagné. Il ne sera désormais plus jamais seul. Lors de la visite du centre de Paris dans laquelle M. Ibrahim l'entraine, il découvre la richesse architecturale et économique, entre autres, et prend conscience que le monde ne se réduit pas à sa rue.

La Normandie. M. Ibrahim l'emmène ensuite à Cabourg où il est non seulement confronté à la beauté, mais aussi à sa ressemblance avec son ami : M. Ibrahim est circoncis, tout comme lui. Il découvre des points communs entre son origine juive et celle, musulmane, de M. Ibrahim : « Avec M. Ibrahim, je me rendais compte que les juifs, les musulmans et même les chrétiens, ils avaient eu plein de grands hommes en commun avant de se taper sur la gueule. » (p. 50)

De Paris à Istanbul. En quittant la France, Momo réalise son grand voyage, celui au cours duquel il va vraiment vers l'autre et qu'il s'ouvre à lui. Quand M. Ibrahim lui demande ce qu'il veut faire plus tard, il répond qu'il veut être dans l'import-export : « C'était un mot sérieux et en même temps aventurier, un mot qui renvoyait aux voyages, aux bateaux… » (p. 71) Lorsqu'il découvre le soufisme, au cours de ce voyage, Momo prie et se libère : il pardonne enfin à ses parents.

L'Anatolie. L'Anatolie constitue la fin de son voyage avec M. Ibrahim et le voyage ultime pour ce dernier. Même si celui-ci n'est pas arrivé à sa « mer de naissance » et n'a pas revu son ami, peu lui importe : « Tous les fleuves se jettent dans la même mer », dit-il à Momo (p. 79). Le vieil homme, dans un dernier souffle, délivre ainsi un ultime enseignement à Momo : la mort fait partie de la vie et, après la vie, « l'immense » est encore à découvrir. Le jeune homme accepte cette mort avec une grande sérénité et s'efforce même de sourire.

De l'Anatolie à Paris. Lors de son voyage de retour, Momo est seul et rentre en stop : « Je m'en suis remis à Dieu, j'ai mendié et j'ai couché dehors et ça aussi c'était un beau cadeau », explique-t-il (p. 82). Il expérimente la vraie liberté, cruelle, mais douce, sans son mentor ; il est vraiment devenu adulte.

La rue Bleue. Enfin, Momo devient l'épicier arabe de la rue Bleue : il a fait le voyage de Moïse à Mohammed et s'est trouvé une identité. D'ailleurs, c'est après avoir annoncé à sa mère que Moïse est parti en voyage avec Popol qu'il accepte de la rencontrer chaque semaine.

...QUI RAPPELLE CELUI D'UN AUTRE GARÇON

L'histoire racontée dans le roman d'Éric-Emmanuel Schmitt partage quelques similitudes avec *La Vie devant soi* écrit par Romain Gary (écrivain français, 1914-1980) sous le pseudonyme d'Émile Ajar en 1975.

Tous deux ont pour héros un jeune garçon prénommé Momo. Tout comme dans *Monsieur Ibrahim et les Fleur du Coran*, le héros de *La Vie devant soi* est âgé d'une dizaine d'années. Élevé par une vieille dame juive, Mme Rosa, dans les quartiers populaires de Paris, il connait une enfance assez similaire à celle du jeune garçon du roman d'Éric-Emmanuel Schmitt. Abandonné par sa mère, il est élevé par Mme Rosa qui garde les enfants des prostituées contre rémunération. Si la relation qui l'unit au jeune garçon était au départ motivée par l'argent, cela change au fil du temps, celle-ci s'attachant à Momo et lui donnant toute la tendresse et l'amour dont il a besoin. Tout comme le père de Momo dans *Monsieur Ibrahim et les Fleurs du Coran*, elle est hantée par son passé et craint par-dessus tout les Allemands.

Mais le message transmis est différent d'un roman à l'autre. Si Éric-Emmanuel Schmitt souhaite célébrer la tolérance, l'amour et la spiritualité, Émile Ajar semble souligner la dureté de la vie et de la condition humaine.

UN DOUBLE HÉRITAGE

La mémoire douloureuse

Moïse, fils d'un père juif qui a souffert, refuse d'être le dépositaire de cette mémoire de souffrance : « Il y a des enfances qu'il faut quitter » (p. 84), dit-il.

Au début du roman, Momo ne sait pas ce qu'« être juif » signifie et interroge son père à ce sujet : « Mais, Papa, on est juifs, nous, toi et moi. » (p. 39) La réponse qu'il obtient est tragique et définitive : pour son père, « [ê]tre juif, c'est simplement avoir de la mémoire, une mauvaise mémoire » (p. 39), une mémoire qui rend ce père malade et qui finit par le tuer. L'adolescent refuse dès lors l'image de ce père enkysté dans son destin, coincé dans son passé, celle de ce père qui lui a offert cet objet symbolique qu'est « la tirelire, couleur de vomi avec une fente qui permet à la pièce d'entrer, mais pas de sortir » (p. 9). Mais Moïse ne veut pas de cet héritage : il casse la tirelire et vend les livres de son père, « la haute et profonde bibliothèque héréditaire, tous ces livres censés contenir la quintessence de l'esprit humain... » (p. 23). Alors, enfin, il se sent « libre » (p. 51). Il décide également d'ouvrir les fenêtres et de se débarrasser de « ces vieux meubles qui sent[ent] le passé, pas le beau passé, non, le vieux passé, le rance, celui qui pue comme une vieille serpillière » (*ibid.*).

La quête du bonheur

Être heureux pour M. Ibrahim, ça s'apprend et ça s'ancre dans la réalité. Le beau est partout, les autres sont intéressants et chacun a une place à trouver dans la société. En choisissant de se faire adopter par le vieil homme, Momo fait le choix du bonheur. En cela d'ailleurs, il ressemble à sa mère qui est partie pour avoir « une vie heureuse ». Si, au départ, tout semble séparer Momo du vieil homme, leur voyage commun démontre l'inverse.

Momo accepte l'héritage de M. Ibrahim, symbolisé par le Coran qui enseigne tout puisque tout est à l'intérieur, mais qui ne suffit pas puisque, selon l'épicier, les réponses ne sont pas dans les livres, mais à rechercher au sein de chaque être : « Lorsqu'on veut apprendre quelque chose, on ne prend pas un livre. On parle avec quelqu'un. Je ne crois pas aux livres. » (p. 47) M. Ibrahim lègue aussi à Momo son épicerie. En faisant cela, il émancipe le jeune homme, le rendant libre puisqu'il lui donne les moyens matériels de construire sa vie et de fonder une famille.

PISTES DE RÉFLEXION

QUELQUES QUESTIONS POUR APPROFONDIR SA RÉFLEXION...

- À votre avis, cette œuvre peut-elle avoir des vertus thérapeutiques pour les lecteurs ? Connaissez-vous d'autres œuvres qui ont ce type de pouvoir ? Desquelles s'agit-il et pourquoi ont-elles, selon vous, cette faculté ?
- Comment comprenez-vous cet enseignement de M. Ibrahim : « L'homme à qui Dieu n'a pas révélé la vie directement, ce n'est pas un livre qui la lui révèlera » ?
- « La lenteur, c'est ça, le secret du bonheur », dit M. Ibrahim (p. 71). Expliquez cette citation et illustrez votre réflexion à l'aide d'exemples concrets tirés du livre.
- Selon vous, pourquoi M. Ibrahim ne craint-il pas la mort ? Comment conçoit-il le temps que l'homme passe dans le monde d'ici-bas ?
- Comment interprétez-vous le titre de l'œuvre ?
- Quels sont les points communs entre ce roman et *La Vie devant soi* d'Émile Ajar/Romain Gary ?
- Comparez le livre avec son adaptation cinématographique. Cette dernière est-elle fidèle à l'ouvrage d'Éric-Emmanuel Schmitt ?
- Existe-t-il des thèmes communs entre toutes les œuvres d'Éric-Emmanuel Schmitt ? Si oui, lesquels ?

POUR ALLER PLUS LOIN

ÉDITION DE RÉFÉRENCE

- Schmitt É.-E., *Monsieur Ibrahim et les Fleurs du Coran*, Paris, Albin Michel, 2001.

ÉTUDE DE RÉFÉRENCE

- Pazzaglia L., *Monsieur Ibrahim et les Fleurs du Coran d'Éric-Emmanuel Schmitt. Analyse approfondie*, Bruxelles, Lemaitre Publishing, coll. « Profil littéraire », 2015.

ADAPTATION

- *Monsieur Ibrahim et les Fleurs du Coran*, film de François Dupeyron, France, 2003.

SUR LEPETITLITTÉRAIRE.FR

- Fiche de lecture sur *La Femme au miroir* d'Éric-Emmanuel Schmitt.
- Fiche de lecture sur *La Part de l'autre* d'Éric-Emmanuel Schmitt.
- Fiche de lecture sur *Odette Toulemonde* d'Éric-Emmanuel Schmitt.
- Fiche de lecture sur *Oscar et la Dame rose* d'Éric-Emmanuel Schmitt.
- Fiche de lecture sur *La Vie devant soi* de Roman Gary/ Émile Ajar.

ISBN version numérique : 978-2-8062-8464-8
ISBN version papier : 978-2-8062-8465-5
Dépôt légal : D/2016/12603/402

Avec la collaboration de René Henri pour l'analyse de Moïse, M. Ibrahim, les prostituées et Myriam ainsi que pour les chapitres « Une pièce de théâtre narrativisée » et « ... qui rappelle celui d'un autre garçon ».

Conception numérique : Primento,
le partenaire numérique des éditeurs.

Ce titre a été réalisé avec le soutien de la Fédération Wallonie-Bruxelles, Service général des Lettres et du Livre.

Retrouvez notre offre complète sur lePetitLittéraire.fr

- des fiches de lectures
- des commentaires littéraires
- des questionnaires de lecture
- des résumés

ANOUILH
- Antigone

AUSTEN
- Orgueil et Préjugés

BALZAC
- Eugénie Grandet
- Le Père Goriot
- Illusions perdues

BARJAVEL
- La Nuit des temps

BEAUMARCHAIS
- Le Mariage de Figaro

BECKETT
- En attendant Godot

BRETON
- Nadja

CAMUS
- La Peste
- Les Justes
- L'Étranger

CARRÈRE
- Limonov

CÉLINE
- Voyage au bout de la nuit

CERVANTÈS
- Don Quichotte de la Manche

CHATEAUBRIAND
- Mémoires d'outre-tombe

CHODERLOS DE LACLOS
- Les Liaisons dangereuses

CHRÉTIEN DE TROYES
- Yvain ou le Chevalier au lion

CHRISTIE
- Dix Petits Nègres

CLAUDEL
- La Petite Fille de Monsieur Linh
- Le Rapport de Brodeck

COELHO
- L'Alchimiste

CONAN DOYLE
- Le Chien des Baskerville

DAI SIJIE
- Balzac et la Petite Tailleuse chinoise

DE GAULLE
- Mémoires de guerre III. Le Salut. 1944-1946

DE VIGAN
- No et moi

DICKER
- La Vérité sur l'affaire Harry Quebert

DIDEROT
- Supplément au Voyage de Bougainville

DUMAS
• Les Trois
  Mousquetaires

ÉNARD
• Parlez-leur
  de batailles,
  de rois et
  d'éléphants

FERRARI
• Le Sermon sur la
  chute de Rome

FLAUBERT
• Madame Bovary

FRANK
• Journal
  d'Anne Frank

FRED VARGAS
• Pars vite et
  reviens tard

GARY
• La Vie devant soi

GAUDÉ
• La Mort du
  roi Tsongor
• Le Soleil des
  Scorta

GAUTIER
• La Morte
  amoureuse
• Le Capitaine
  Fracasse

GAVALDA
• 35 kilos d'espoir

GIDE
• Les
  Faux-Monnayeurs

GIONO
• Le Grand
  Troupeau
• Le Hussard
  sur le toit

GIRAUDOUX
• La guerre de
  Troie
  n'aura pas lieu

GOLDING
• Sa Majesté des
  Mouches

GRIMBERT
• Un secret

HEMINGWAY
• Le Vieil Homme
  et la Mer

HESSEL
• Indignez-vous !

HOMÈRE
• L'Odyssée

HUGO
• Le Dernier Jour
  d'un condamné
• Les Misérables
• Notre-Dame
  de Paris

HUXLEY
• Le Meilleur
  des mondes

IONESCO
• Rhinocéros
• La Cantatrice
  chauve

JARY
• Ubu roi

JENNI
• L'Art français
  de la guerre

JOFFO
• Un sac de billes

KAFKA
• La Métamorphose

KEROUAC
• Sur la route

KESSEL
• Le Lion

LARSSON
• Millenium 1. Les
  hommes qui
  n'aimaient pas
  les femmes

LE CLÉZIO
• Mondo

LEVI
• Si c'est un
  homme

LEVY
• Et si c'était vrai…

MAALOUF
• Léon l'Africain

MALRAUX
- La Condition humaine

MARIVAUX
- La Double Inconstance
- Le Jeu de l'amour et du hasard

MARTINEZ
- Du domaine des murmures

MAUPASSANT
- Boule de suif
- Le Horla
- Une vie

MAURIAC
- Le Nœud de vipères

MAURIAC
- Le Sagouin

MÉRIMÉE
- Tamango
- Colomba

MERLE
- La mort est mon métier

MOLIÈRE
- Le Misanthrope
- L'Avare
- Le Bourgeois gentilhomme

MONTAIGNE
- Essais

MORPURGO
- Le Roi Arthur

MUSSET
- Lorenzaccio

MUSSO
- Que serais-je sans toi ?

NOTHOMB
- Stupeur et Tremblements

ORWELL
- La Ferme des animaux
- 1984

PAGNOL
- La Gloire de mon père

PANCOL
- Les Yeux jaunes des crocodiles

PASCAL
- Pensées

PENNAC
- Au bonheur des ogres

POE
- La Chute de la maison Usher

PROUST
- Du côté de chez Swann

QUENEAU
- Zazie dans le métro

QUIGNARD
- Tous les matins du monde

RABELAIS
- Gargantua

RACINE
- Andromaque
- Britannicus
- Phèdre

ROUSSEAU
- Confessions

ROSTAND
- Cyrano de Bergerac

ROWLING
- Harry Potter à l'école des sorciers

SAINT-EXUPÉRY
- Le Petit Prince
- Vol de nuit

SARTRE
- Huis clos
- La Nausée
- Les Mouches

SCHLINK
- Le Liseur

SCHMITT
- La Part de l'autre
- Oscar et la
  Dame rose

SEPULVEDA
- Le Vieux qui
  lisait des romans
  d'amour

SHAKESPEARE
- Roméo et Juliette

SIMENON
- Le Chien jaune

STEEMAN
- L'Assassin
  habite au 21

STEINBECK
- Des souris et
  des hommes

STENDHAL
- Le Rouge et
  le Noir

STEVENSON
- L'Île au trésor

SÜSKIND
- Le Parfum

TOLSTOÏ
- Anna Karénine

TOURNIER
- Vendredi ou
  la Vie sauvage

TOUSSAINT
- Fuir

UHLMAN
- L'Ami retrouvé

VERNE
- Le Tour
  du monde
  en 80 jours
- Vingt mille
  lieues sous
  les mers
- Voyage au
  centre de
  la terre

VIAN
- L'Écume des jours

VOLTAIRE
- Candide

WELLS
- La Guerre des
  mondes

YOURCENAR
- Mémoires
  d'Hadrien

ZOLA
- Au bonheur
  des dames
- L'Assommoir
- Germinal

ZWEIG
- Le Joueur
  d'échecs

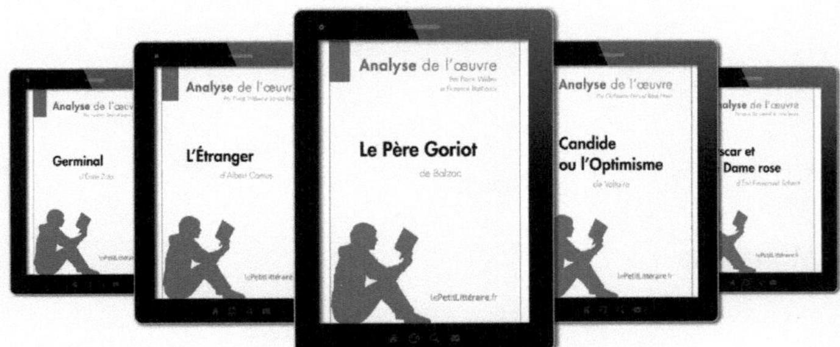